GUINNESS
WORLD RECORDS®

OFFICIALLY
AMAZING

ジュニア版ばん

# おもしろびっくり!

# ギネス世界記録®
せ かい き ろく

③ 世界一おおきい
せ かい いち

汐文社
ちょうぶんしゃ

# あなたも世界一にチャレンジしよう!

小学生のみなさんにも、だれでも、せかいで一番になるチャンスがあります! この本に出てくる「1分間でコインを何まいつみ上げられるか!?」や「大なわとびを何人でとべるか!?」といったせかい記ろくは、がんばってれんしゅうすれば、みなさんだってせかいで一番になれるかもしれません。ぜひためしてみてください!

そんな、せかい中の一番をあつめた『ギネス世界記録』という本があります。毎年、新しいせかい記ろくがたくさん出てくるので、この『ギネス世界記録』も毎年毎年、新しく作っています。いちばん新しいのは『ギネス世界記録2020』ですね(2020年2月現在)。

けれども、この『ギネス世界記録』はかん字がいっぱいあったり、ちょっとせつ明がむずかしかったりして、小学生のみなさんには読むのが大へんかもしれません。

そこで、小学生のみなさんでも楽しめる本として、この本『ジュニア版 おもしろびっくり! ギネス世界記録』を作りました。ぜひ、楽しんで読んでください。そしてチャレンジしてみてください。

ギネス世界記録2020
定価:本体 3,300 円(税別)
発行:角川アスキー総合研究所
発売:KADOKAWA

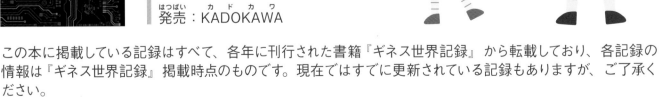

この本に掲載している記録はすべて、各年に刊行された書籍『ギネス世界記録』から転載しており、各記録の情報は『ギネス世界記録』掲載時点のものです。現在ではすでに更新されている記録もありますが、ご了承ください。

ジュニア版

# おもしろびっくり！
# ギネス世界記録®
## ③ 世界一おおきい

# 人間のふしぎ①

## 2m72㎝！

## せかい一せの高い男の人

ロバート・バーシング・ワドロー（アメリカ）は今までで一番せの高い男の人だ。生きていたのは80年むかしだが、彼のしん長2m72㎝をこえる記ろくは今もまだ出ていない。生まれたときは3800g（3kg800g）とふ通サイズだったが、8才のときに1m82㎝のお父さんのしん長をおいこしたのだとか！※1

『ギネス世界記録2020』より

# イギリスの電話ボックス 2m74cm

©GUINNESS WORLD RECORDS

## 小学2年生男子のせの高さ（へいきん）
### 1m22cm5mm

※1　ロバート・パーシング・ワドロー（1918年2月22日〜1940年7月15日）は、脳下垂体腫瘍によって成長ホルモンが過剰分泌されたため、成人後も死ぬまで身長が伸び続けた。

# 人間のふしぎ②

## せかい一大きな 手と足

©GUINNESS WORLD RECORDS

4ページで「せかい一せの高い男の人」としてしょうかいしているロバート・バーシング・ワドロー（アメリカ）は、せかい一大きい手と足のもちぬしでもある。手首から中ゆびのさきまでの長さは32㎝3㎜。くつのサイズは47㎝だった。

『ギネス世界記録2020』より

©GUINNESS WORLD RECORDS

# いまだにせい長中!? 40㎝い上の足をもつ男性

げんざい、せかいで一番大きな足をもつ人は、ジェイソン・オランド・ロドリゲス・ヘルナンデス（ベネズエラ）。左右の足のサイズはそれぞれ40㎝5.5㎜と40㎝4.7㎜。小学1〜2年生の子どもの足のやく2ばいのサイズだ。

『ギネス世界記録2020』より

40cm4.7mm
（左足）

7〜8才のへいきん
やく20cm

ほぼじつぶつ大!

32cm3mm!

キミの手を
合わせてみよう!

7

## ┃せかい一多いは

37本！

ふつうの大人より5本も多いんだって！

©GUINNESS WORLD RECORDS

ビジェイ・クマール・ヴァ（インド）のはの数は、37本。ふつうの大人は、だいたい32本なので、5本も多く生えているのだ。

『ギネス世界記録2016』より

# せかい一大きく ひらいた口（たて）

J・J・ビットナー（アメリカ）は、たてに
8 cm 4 mmも口をあけることができる。
右のしゃしんはほぼじつぶつ大なので、
どのくらい大きくあいているのか自分の
口とくらべてみよう。

『ギネス世界記録2015』より

ほぼじつぶつ大！

8 cm 4 mm！

©GUINNESS WORLD RECORDS

# せかい一大きく ひらいた口（よこ）

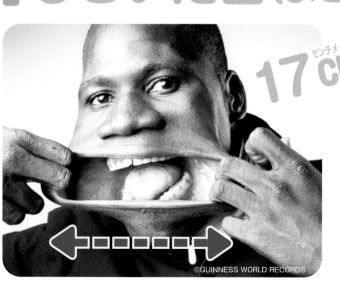

17 cm！

©GUINNESS WORLD RECORDS

こちらは、よこに一番大きくあいた口の
記ろく。フランシスコ・ドミンゴ・ホアキ
ン（アルゼンチン）の口のはばは17 cm。
小学生が大きく手のひらをひらいたは
ばよりも長いということになる。

『ギネス世界記録2015』より

# 人間のふしぎ④

## せかい一大きいアフロヘアー※1

エーヴィン・デュガ（アメリカ）は、せかい一大きい天ねんアフロヘアーのもちぬし。そのサイズは、高さ16 cm、はば21 cm、まわりが1m39 cmだ。

『ギネス世界記録2017』より

©GUINNESS WORLD RECORDS

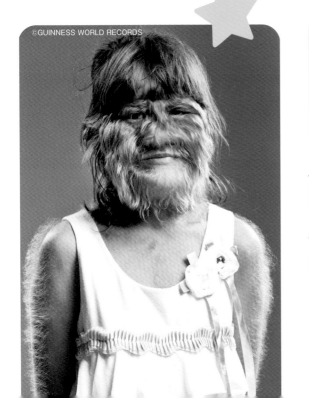

©GUINNESS WORLD RECORDS

## 今までで一番毛ぶかい少女

スパトラ・"ナト"・サスファン（タイ）は、10才のときに「せかい一毛ぶかい少女」としてギネス世界記録ににんていされた。これまでに50人しか見つかっていない、すごくめずらしい「アンブラス症候群」によるものだ。

『ギネス世界記録2020』より

# せかいー
## とび出た目玉

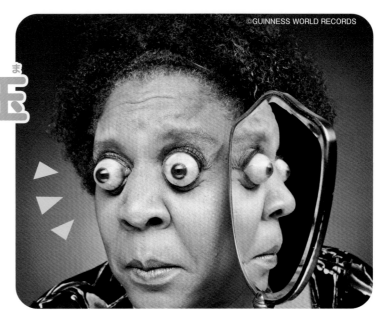

©GUINNESS WORLD RECORDS

キム・グッドマン（アメリカ）のとくぎは、目玉をとび出させること。なんと1cm2mmも外におし出して、せかいさい高記ろくになった。

『ギネス世界記録2016』より

## せかいーおもい男の人

いのちをすくうためのてあてのために6年ぶりにベッドから出たフアン・ペドロ・フランコ・サラス（メキシコ）の体じゅうは、594kg800gもあった。手じゅつによって、これまでに合わせて250kgい上へらすことができた。

『ギネス世界記録2018』より

594kg800g!

©GUINNESS WORLD RECORDS

※1 アフロヘアー（アフロ頭）とは、縮れた髪を丸く整えたスタイル。パーマをかけることでアフロヘアーを作ることもある。

## おもさ1000kgい上の きょ大ハンバーガー

ドイツのバイエルン州で6人の男が作ったハンバーガーのおもさはなんと1164kg 200g！3まいのパティ（肉）、チーズ、サラダ、バンズ（ハンバーガー用の丸パン）からできている。ギネス世界記録をたっせいしたあとは、切りわけて約6000人で食べた。

『ギネス世界記録2019』より

キログラム グラム
1164kg 200g！

©GUINNESS WORLD RECORDS

## ガムがこんなに 大きくなっちゃった！

©GUINNESS WORLD RECORDS

せかい一大きいガムは、長さ1m8cm5mm、はば29cm4mm、あつさ2cm9mm。ふつうのガムのなんと15まいぶんの大きさだ！北海道札幌市の小学生たちが、ながいぼうで形を作ったよ。

『ギネス世界記録2015』より

くらべてみると こんなに大きい！

ふつうのサイズ

# 10びょう間でアイスクリームを コーンにのせたせかい一の数

©GUINNESS WORLD RECORDS

125こ!

イタリアのテレビ番組で、ディミトリ・パンチェーラ（イタリア）は、10びょう間に125このアイスクリームをコーンの上にのせた。

『ギネス世界記録2020』より

こんなに大きな アイスクリーム 見たことない‼

# せかい一大きい カップコーヒー

韓国で高さ3m30㎝、はば2m62㎝もあるこのきょ大なカップコーヒーができた。ここに、1万4228L100mℓものコーヒーがそそがれた。

『ギネス世界記録2016』より

©GUINNESS WORLD RECORDS

3m30cm!

Caffé bene

# 40mの間で一番たくさんはこばれたビールのジョッキ

26こ！（26L）

©GUINNESS WORLD RECORDS

ミハエル・スターム（ドイツ）は、40mのコースで、26このビールジョッキをはこんだ。1つのジョッキには1Lのビールが入るので、26Lものビールを同時にはこんだのだ。

『ギネス世界記録2019』より

女の人では、2008年にアニータ・シュウォルツ（ドイツ）がたっせいした【19こ】がさい高記ろくだよ！

# ジャグリングをしながら 1分間にリンゴをかじった せかい一多い数

エンターテイナーでジャグラー（大道げい人）のマイケル・グードー（アメリカ）が、リンゴ3こでのジャグリング中に1分間で151口かじった。1びょう間に2口い上かじったことになる。

『ギネス世界記録2015』より

**151口！**

©GUINNESS WORLD RECORDS

## キットカットは 200しゅるいい上もあるんだって！

ぜんしゅるい食べてみたいね！

ウエハースをチョコでつつんだイギリスうまれのおかし「キットカット」。みんな食べたことがあるよね？ 日本ではこれまでに200しゅるいい上ものキットカットが作られているのだ。しょうゆやわさびなど日本らしいフレーバーもたくさんあるよ！

15

# やってみよう！ ①
## 〜1分間（ぷんかん）で何回（なんかい）できるかな〜

**TRY!!**

## 1分間（ぷんかん）でコインを何（なん）まいつみ上（あ）げられるか!?

ギネス世界記録（せかいきろく）は

# 69まい

急（いそ）ぐとくずれちゃう〜！

ギネス世界記録（せかいきろく）は、おもさ6g以上（グラムいじょう）で直（ちょく）けい2cm5mm（センチメートルミリメートル）い内（ない）のコインで作（つく）った記（き）ろく。日本（にほん）にはこの大（おお）きさのこうか（コイン）がないので、100円（えん）玉（だま）（おもさ4g800mg（グラムミリグラム）、直（ちょく）けい2cm26mm（センチメートルミリメートル））でちょうせんしてみよう。つみ上（あ）げたコインのとうが、5びょう以上（いじょう）たおれずにキープできればせいこうだ！

『ギネス世界記録（せかいきろく）2018』より

16

## TRY!!

## 1分間ではしをつかって
## まめをいくついどうできるか!?

つかうものは、木のはしと生のまめ（あずき、きんときまめ、うずらまめなど）、ガラスのびんとそのフタ。まめをフタに入れ、はしをテーブルにおいた形でスタート！ちょうせんにつかえるのはかた手だけだよ。

『ギネス世界記録2018』より

ギネス
世界記録は **43こ**

## TRY!!

## 1分間で何本のえんぴつを
## 立てられるか!?

直けい7mmい下、長さ15cmい上のえんぴつを、1本ずつ立てるチャレンジ。つかっていいのは、かた手のみ。しゅうりょうの合図から5びょうい上立っていたえんぴつの数が記ろくだ。

『ギネス世界記録2015』より

ギネス世界記録は **55こ**

## TRY!!

## 1分間でブロックを
## どこまで高く作れるか!?

ブロックを高く高くつみ上げるチャレンジ。たいらで、すべりにくい場しょでちょうせんするとよい記ろくがねらえるかも!?友だちとみんなできょうそうしてみよう！

『ギネス世界記録2017』より

ギネス世界記録は **131に**

 # あそびの記ろく

©GUINNESS WORLD RECORDS

2万1600ピース
5428m²80cm²！

777人で
組み立てたんだって！

# ｜せかい一大きい
# ジグソーパズル

このきょ大なパズルは2万1600ピースからできている。サイズは、サッカー場よりも大きい5428m²80cm²！中国のグレート・イーストアジア研究所がくうこうだったところで作った。

『ギネス世界記録2017』より

18

# ■せかい一大きいドミノだおし

アメリカの会社プルデンシャル・ファイナンスのみなさんが作ってたおした、とくだいドミノ。高さ9m18cm、はば4m57cm、あつさ1m25cm。なんと、3かいのビルと同じくらいの高さがあるのだ！

『ギネス世界記録2017』より

高さ9m18cm×はば4m57cm×あつさ1m25cm！

# ■せかい一多いドミノだおし（らせんじょう）

ドミノのイベントをやっているシナース・エンターテイメントは、ドイツのテレビ番組で、らせんじょう（ぐるぐるとまいた形）に5万5555こものドミノをならべてたおした。

『ギネス世界記録2017』より

5万5555こ！

©GUINNESS WORLD RECORDS

# レゴ®の記ろく

## せかい一大きい レゴ®のかんらん車

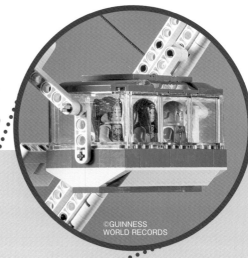

3m38cm!

トマシュ・カシュパジーク（チェコ）がレゴ®で作ったのは、直けい3m38cmもあるきょ大なかんらん車。43台のゴンドラも、もちろんレゴ®でできている。使ったレゴ®の合計は3万7000こ。できるまでにやく200時間もかかったのだそう。

『ギネス世界記録2020』より

# もっとも多い
# レゴ®セットのコレクション

©GUINNESS WORLD RECORDS

120万こ!

フランク・スモース（オーストラリア）と彼の家ぞくは、1980年からレゴ®のセットを組み立てている。2017年には3837このセットコレクションがかくにんされた。彼のコレクションには、120万このブロックと部ひん、8000こをこえるレゴ®・ミニフィギュアがある。

『ギネス世界記録2019』より

# せかい一大きい
# レゴ®のマンモス

©GUINNESS WORLD RECORDS

高さ2m47cm×
はば3m80cm!

イギリスの「BRICK」のイベントに高さ2m47cm、体長3m80cm、はば1m30cmのきょ大なレゴ®マンモスがとう場した。ブライト・ブリックス（イギリス）が組み立てた。

『ギネス世界記録2017』より

# みんなで記ろくたっせい!

## ～キミもちょうせんしてみる!?～

**TRY!!**

### たくさんの人数で作るピカチュウ

©Nintendo・Creatures・GAME FREAK・TV Tokyo・ShoPro・JR Kikaku　©Pokémon

きょ大ピカチュウがあらわれた!これは、佐賀県の吉野ヶ里歴史公園で、994人で作ったピカチュウのイラスト。テレビアニメ「ポケットモンスター」シリーズがほうそう1000回をむかえた記ねんに作られた。

『ギネス世界記録2019』より

ギネス世界記録は

# 994人

# せかい一多いにん者

©GUINNESS WORLD RECORDS

滋賀県彦根市の城西小学校の体いくかんに、にん者のかっこうをした人びとが大しゅう合！その記ろくは268人だった。

『ギネス世界記録2018』より

## ギネス世界記録は

# 268人

# せかい一多いピーターパン

©GUINNESS WORLD RECORDS

こちらは、ぜんいんがみどり色の上ぎとタイツをきた280人のピータパン。イギリスの聖ポール大聖堂で行われたチャリティーイベントだった。

『ギネス世界記録2017』より

## ギネス世界記録は

# 280人

# おもしろ記ろく

## せかい一多い 1どにきた Tシャツの数

テッド・ヘイスティングス（カナダ）は、2人のむす子に記ろくちょうせんをおねがいされ、260まいのTシャツをきることに成功した。きるTシャツはMサイズからだんだん大きくなり、さい後はXL20サイズだった。

『ギネス世界記録2020』より

260まい!

©GUINNESS WORLD RECORDS

## ネクタイを1どにしめた せかい一の数

ジェレミー・ムニョス（アメリカ）は、287本のネクタイをしめて、10才のころからのゆめであるギネス世界記録をとった。このネクタイは、すべてジェレミーのコレクションなのだそう。

『ギネス世界記録2020』より

287本!

©GUINNESS WORLD RECORDS

# ひげにさしこんだ
# つまようじのせかい一多い数

3500本!

©GUINNESS WORLD RECORDS

ジョエル・ストラッサー（アメリカ）は、3時間13分かけて、自分のひげに3500本ものつまようじをさしこみギネス世界記録になった。ジョエルは「ひげにさしこんだストローもっとも多い数」の記ろく（312本）ももっている。

『ギネス世界記録2020』より

まるで
ハリネズミみたい！

# 顔につけた
# せんたくばさみの
# せかい一多い数

ギャリー・ターナー（イギリス）は、顔に161このせんたくばさみをはさんだ。とてもめずらしいびょう気のためひふがたるむことでたっせいできた記ろくだ。彼は、「もっとものびるひふ」の記ろくももっている。

『ギネス世界記録2019』より

161こ！

©GUINNESS
WORLD RECORDS

# 日本の記ろく

## ギネス世界記録を日本一もっているチェリー吉武

おわらいげい人のチェリー吉武は、日本一多くギネス世界記録をもっている。その記ろくの数はなんと20こだ！（2019年10月げんざい）。

©GUINNESS WORLD RECORDS

## ❶ 30びょう間でもっとも多くおしりでくるみをつぶした数

48こ！

30びょうの間に48このくるみをおしりでつぶした。これは、チェリー吉武がさいしょにたっせいしたギネス世界記録だ。

『ギネス世界記録2015』より

©GUINNESS WORLD RECORDS

71こ！

©GUINNESS WORLD RECORDS

# ❷1分間でもっとも多くはしでベイクドビーンズをつかみ食いした数

ベイクドビーンズとは、いんげんまめをソースでちょう理したりょう理。1分間で71このベイクドビーンズをはしでつかんで食べた。

『ギネス世界記録2020』より

# ❸バドミントンの羽ねをはしでつかまえたもっとも多い数

23回！

©GUINNESS
WORLD RECORDS

チェリー吉武と黒田はるかの2人で作った記ろく。バドミントンでうちあうようにして、はしで羽ねを1分間で23回キャッチし合った。　　『ギネス世界記録2018』より

---

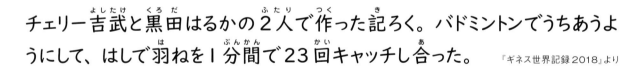

## チェリー吉武のもつギネス世界記録

・・・・・・・・・・・・・・・・・・・・・・・・・・・・・・・・・・・・・・・・・・

■1分間でブリーフパンツをもっとも多くはく ⇒ 36まい

■バックで四足走行50mをさいそくで走る ⇒ 20びょう45

■30びょう間でふせんをもっとも多く体にはっていく ⇒ 33まい

■ハンドスピナーをはなの上で長時間まわす ⇒ 8分49びょう

■30びょう間でカツラにヘアークリップをもっとも多くつける ⇒ 66こ　　など20こ

# やってみよう！②
## 〜なわとびでチャレンジ〜

**TRY!!**

## 大なわとびを何人でとべるか!?

©GUINNESS WORLD RECORDS

**ギネス世界記録は**

タイの学校の300人の生とが、だれもなわにさわることなく、1本の長いなわ（大なわ）を同時にとんだ。友だちとみんなでチャレンジしてみてほしい記ろくだ。

『ギネス世界記録2018』より

# 300人

# 30びょう間で何回後ろとびできるか!?

1びょう間に
5回もとんだの!?

©GUINNESS WORLD RECORDS

30びょう間で148回もの後ろとびをしたのは、日本の岡本悠。1びょう間にやく5回もとんだおどろきの記ろくだ。彼は、1分間にとんだ後ろとびのせかい一多い数（250回）の記ろくももっている。

『ギネス世界記録2019』より

ギネス
世界記録は **148**回

---

# 1分間でイヌといっしょに何回なわとびをとべるか!?

©GUINNESSWORLD RECORDS

イギリスでなわとびをイヌといっしょにとんだギネス世界記録があるよ。その回数は、なんと1分間に59回！イヌのくんれんもひつようだが、まずは自分だけで1分間に59回とべるかちょうせんしてみてはどうだろうか！

『ギネス世界記録2019』より

ギネス
世界記録は **59**回

# さくいん

## 大人の方へ

# ギネス世界記録®へ挑戦するための 7つのSTEP

誰でもギネス世界記録へ挑戦できるということをご存知ですか？ 本書に掲載したさまざまな世界記録に子どもたちが興味を持ったら、ぜひ挑戦してみましょう！
ギネス世界記録への申請は以下の7ステップで完了します。公式サイトの詳細も合わせてご確認ください。

## STEP1 ウェブサイトにアクセス

挑戦したい記録が決まったら、ギネス世界記録の公式サイト内「記録挑戦の申請をする」のページにアクセスします。

https://www.guinnessworldrecords.jp/records/apply-to-set-or-break-a-record/

※実際に記録に挑戦するのは STEP6の申請が完了してガイドラインが届いてから！

## STEP2 挑戦方法を決めて「申請」をクリック

「個人」か「法人（組織・団体）」を選びます。

※ここでは、オンラインで申請＆証拠物の提出が可能な「個人向け通常申請」を選択した場合を例に進めます

## STEP3 ギネスワールドレコーズ・アカウントを作成する

「アカウント作成」を選択して登録に必要な情報を入力し、アカウント作成を完了させます。

## STEP4 申請したい記録を検索してクリック

アカウント作成が完了したら、申請したい過去の記録を検索します。検索は英語（英単語の組み合わせ）のみ使用可能です。検索結果に目的の記録が見つかったら選択して「申請する」をクリック。

※このとき、「記録を見る」をクリックすると現時点で登録されている記録を確認することができます

## STEP5 申請に必要な質問に回答する

スポンサーの有無や、この記録が町おこしのプロモーションに生かされるかなど、いくつかの質問に回答します。

## STEP6 申請内容の詳細を記入し、申請が完了！

申請者の情報や記録挑戦の場所・詳細を入力します。
申請における契約書が表示されるので確認して進み、申請を完了させます。

## STEP7 ガイドラインに沿って、いざ記録に挑戦！

申請完了から約3か月後に審査のためのガイドラインが送られてくるので、ガイドラインに沿って記録に挑戦し、必要書類と証拠物を送付します。 これで審査が開始されます！

ジュニア版

おもしろびっくり！
ギネス世界記録®
③世界一おおきい

2020年3月25日　初版第1刷発行

編　　　株式会社角川アスキー総合研究所

発行人　加瀬典子

発　行　株式会社角川アスキー総合研究所
　　　　〒113-0024
　　　　東京都文京区西方1-17-8　KSビル2F

発　売　株式会社汐文社
　　　　〒102-0071
　　　　東京都千代田区富士見1-6-1　富士見ビル1F
　　　　電話：03-6862-5200（営業）
　　　　ファックス：03-6862-5202

印　刷　新星社西川印刷株式会社

製　本　東京美術紙工協業組合

NDC 030
ISBN978-4-8113-2685-6　C8301

［ 装丁・デザイン ］　三浦理恵
［ 編　　　集 ］　三浦良恵
［ 制 作 協 力 ］　黒川チエコ（opon）